Kurt Scherer

LEID

Wo bleibt der Sinn?

mediaKern

Bibliografische Information der Deutschen Nationalbibliothek
Die Deutsche Nationalbibliothek verzeichnet diese Publikation in der Deutschen Nationalbibliografie; detaillierte bibliografische Daten sind im Internet über http://www.dnb.de abrufbar.

ISBN 978-3-8429-1633-3

Bestell-Nr. 5.121.633

Umschlagbild: Getty Images / sodapix
Umschlaggestaltung und Layout: Ch. Karádi
Gesamtherstellung: Drukarnia Dimograf, Bielsko-Biała, Polen
Printed in the EU 2020
www.media-kern.de

BEFIEHL
DEM HERRN
DEINE WEGE
UND HOFFE
AUF IHN;
ER WIRD'S WOHL
MACHEN.

DAVID, PSALM 37,5

Vorwort

»Leid – wo bleibt der Sinn?« Eine Frage, die immer wieder aktuell ist. Doch da sie nicht nur aktuell ist, sondern sehr existenziell, müssen wir sie hinterfragen, und das anhand der Bibel. Denn sie befasst sich ausführlich mit dieser Problematik.

Leid und Leiden haben viele Facetten. Am gefährlichsten sind da die Versuchungen, die aus dem Dunkel kommen und den an Gott Glaubenden ins Dunkel ziehen wollen. Wie ein Testament angefochten werden kann, so sucht der Feind, der Widersacher Gottes, das Glaubensgut in Zweifel zu ziehen. Das Wort »Anfechtung« bringt das bereits zum Ausdruck. Es wird gegen uns gefochten; es wird uns etwas streitig gemacht. Das, wogegen sich die Anfechtung richtet, ist der Glaube. Es ist das Ziel der Anfechtung, ihn zu vernichten und uns damit von der Quelle des Lebens, von Gott zu trennen.

Wie ist es zu begreifen, dass Leid und Leiden für den an Gott Glaubenden einen Sinn haben?!

Wie ist das, wenn man gestrauchelt ist? Wer, was kann uns helfen und ermutigen, neu Hoffnung geben?

In diesem Buch will ich diesen Fragen nachgehen und anhand der Bibel, der Zeugnisse anderer und der eigenen Betroffenheit Hilfestellung zu Ihrer eigenen Antwortfindung geben.

Der Schreiber des Hebräerbriefes gibt uns Wegweisung: »Es ist aber der Glaube eine gewisse Zuversicht dessen, was man hofft, und ein Nichtzweifeln an dem, was man nicht sieht« (11,1).

Kurt Scherer

PS: Es ist hilfreich zum Verständnis meiner Ausführungen, die angegebenen Bibelstellen zu lesen.

Im Leiden werden Fragen geboren:
Kann ein guter Gott Leiden zulassen? Ist Gott ungerecht? Warum schweigt Gott? Warum greift Gott nicht ein? Warum verbirgt sich Gott? Vorschnell eine Antwort auf diese Fragen zu geben, ist nicht ratsam. Denn auf viele Fragen gibt es keine einleuchtende Antwort. Zu tief und vielschichtig ist das Geheimnis des Leids, als dass wir es ergründen könnten. Wenn wir Wege geführt werden, die wir nicht verstehen, werden wir zunächst das Stillhalten und Schweigen üben müssen. Jedoch nicht als Ausdruck eines Schicksalsglaubens in falscher Ergebenheit, sondern als Ausdruck unseres Gottvertrauens, das auf den Prüfstand gekommen ist: »Herr, mein Gott, ich verstehe dich nicht, aber ich vertraue dir!« Zu sehr sind wir erschüttert und umgetrieben, als dass wir gelassen der Situation gegenüberstünden. Eine Krise bahnt sich an. Sie beinhaltet beides: Gefahr und Chance. Wir können aufstecken, aber auch aufstehen! Unser Glaube wird im Leiden geprüft, geläutert und kann neu geboren werden, sodass wir sprechen lernen: »Dennoch bleibe ich stets an dir; denn

du hältst mich bei meiner rechten Hand, du leitest mich nach deinem Rat und nimmst mich am Ende mit Ehren an. Wenn ich nur dich habe, so frage ich nichts nach Himmel und Erde. Wenn mir gleich Leib und Seele verschmachtet, so bist du doch, Gott, allezeit meines Herzens Trost und mein Teil« (Psalm 73,23–26).

Ja zum Willen Gottes

Wenn wir den Willen Gottes bejahen, verliert das Leiden seine Sinnlosigkeit. Diese Erkenntnis ist über Jahre in meinem Gott vertrauenden Denken herangereift. Ihr gingen schwere Wegführungen voraus: Herzinfarkt, insulinpflichtiger Diabetes, Schlaganfall, Beeinträchtigung des Gleichgewichtsnervs, misslungene Grauer-Star-Operation, Bypassoperation, schmerzhafte Bandscheibenvorfälle, Amputationen von Zehen an beiden Füßen, Neuropathie, Rippe gebrochen, Becken geprellt, Schmerzen im ganzen Körper, die chronisch geworden sind. Inzwischen bin ich Schmerzpatient (90 GdB). Dazu die geistig-geistlichen Anfechtungen, verbunden mit der Frage: »Mein Gott, mein Gott, warum?« (Matthäus 27,46). Meine Lebenskreise werden von Mal zu Mal enger. Oft ist es mein Gebet: »Herr, bitte, weite mir meinen Lebensraum!« Ich liege Gott mit meinen Bitten in den Ohren: »Herr, bitte, gib mir Semesterferien in der Schule deiner Nachfolge!« Doch er enttäuscht mich. Meine Bitten werden nicht erfüllt. Etwas anderes tritt ein: Meine innere Einstellung ändert sich. Ich stelle fest – und lerne bis heute daran: Leiden verliert seinen bohrenden Schmerz und bekommt dort einen Sinn, wo man alles, was einem begegnet, aus Gottes Hand nehmen lernt. Das ist eine merkwürdige Erfahrung: Das Schwere wird leichter, sobald wir Stellung dazu bezogen haben. Also muss ich meinem Leiden einen Sinn geben. Vieles lässt sich dann besser aushalten und durchhalten, tragen und ertragen.

Die Frage nach dem Sinn

Nach dem Sinn von Leid und Leiden zu fragen, ist eine Not-wendige Sache. Wo anders als in der Bibel sollte ich ihn für (mein) Leid und Leiden finden?! So begann ich unter diesem Aspekt meine Bibel neu zu lesen. Altbekannte biblische Aussagen begannen neu zu mir zu sprechen. Da ist die Kardinalfrage nach dem Warum: Warum Leid und Leiden überhaupt? Leid und Leiden haben ihren Ursprung nach biblischem Befund im Ungehorsam der ersten Menschen Gott gegenüber.

Im Bericht des Sündenfalls (1. Mose 3) wird beschrieben, wie dadurch das Gift der Sünde zu uns gekommen ist und uns alle infiziert hat. Der Mensch, Krone der Schöpfung, wurde von Gott berufen, sein Ebenbild (1. Mose 1,27) – Liebe – zu sein, sich lieben zu lassen und wiederzulieben (5. Mose 6,5; Matthäus 22,37–40). Liebe ist Freiheit. Freiheit aber ist Wahlfreiheit, d. h. ich kann mich hingeben, aber auch verweigern. Ich kann mein Ich über das Du stellen; ich kann aber auch dem Du dienen. Der Mensch entschied sich, Egoist zu sein, Gott die Liebe aufzukündigen. Er ging in Opposition zu seinem Schöpfer. Damit war die Harmonie zerstört; es war vorbei mit dem »... und siehe, es war sehr gut« (1. Mose 1,31). Wir sind Gott losgeworden.

Darum – nicht warum – nahmen Leid und Leiden ihren Anfang.

Bei der Frage nach dem Sinn von Leid und Leiden im menschlichen Leben – Schickt Gott das Leiden? Lässt er es nur zu? Will er es gar nicht? – geht es um die sogenannte Theodizee-Frage, die Frage nach Gottes Gerechtigkeit. Denn es ist schwer zu verstehen, warum es den einen gut geht und den anderen nicht. Warum müssen die einen viel tragen und ertragen und die anderen gehen locker und leicht durchs Leben?

Schon der Beter des 73. Psalms hatte da seine massiven Probleme. Ihm, der von ganzem Herzen nach Gott fragte und nach seinen Geboten zu leben bestrebt war, ging es schlecht. Denen, die nach Gott nichts fragten, ging es gut. Für ihn war es keine Frage, ob es Gott gibt. Das stand für ihn fest. Aber für ihn war es die Frage, ob Gott ein Interesse an seinem persönlichen Ergehen hat. Er konnte mit seinem Leben nicht demonstrieren, dass es einem gut geht, wenn man sich zu Gott hält. Das Gegenteil war offensichtlich der Fall. Auf unsere Fragen gibt die Bibel verschiedene Antworten:

❊ Gott schickt das Leiden als Strafe für schuldhaftes Verhalten der Menschen (5. Mose 28); zur Erziehung (Offenbarung 3,19); ohne erkennbare Absicht (Jesaja 6,6b.7); als Teilhabe am Leiden Christi (Apostelgeschichte 5,41).
❊ Gott lässt das Leiden zu. Er ist darin auch als der Tröster gegenwärtig (Psalm 34,20; 103,6; Matthäus 5,4).
❊ Gott will das Leiden nicht (Jeremia 29,11; Offenbarung 21,4).

Diese kurzen Anmerkungen zeigen, dass es auf unsere Fragen verschiedene Antworten gibt. Asaph findet den Sinn seines Lebens darin, dass er das Ziel seines Lebens nicht aus den Augen verliert. »Wenn ich nur dich habe, so frage ich nichts nach Himmel und Erde. Wenn mir gleich Leib und Seele verschmachtet, so bist du doch, Gott, allezeit meines Herzens Trost und mein Teil« (Psalm 73,25.26).

Ganz persönlich

Die Sinnfindung des Leidens ist eine ganz persönliche Angelegenheit. Entscheidend dabei ist, dass es auch jetzt noch, da ich Gott in seinem Handeln überhaupt nicht verstehe, stimmt: »Mein« Gott! In solchen Sinnkrisen wird nicht Gott hinterfragt. Ich selbst, der ich so frage, werde infrage gestellt. Denn wer Gott zur Rechenschaft ziehen will, ist an der falschen Adresse. »Wer bist du denn, dass du mit Gott rechten willst?« (Römer 9,20). Gott hat es nicht nötig, sich vor uns zu rechtfertigen, eben weil er Gott ist. Und wir brauchen nicht nach Gründen zu suchen, ihn sozusagen zu entschuldigen. Er ist der Heilige, der souverän handelt. Er zieht die Fäden im Kleinen wie im Großen. Gott ist und bleibt der Letztverantwortliche, auch wenn wir es nicht begreifen. »Ist etwa ein Unglück in der Stadt, das der Herr nicht tut?« (Amos 3,6; Jesaja 45,7). Gott schaut nicht teilnahmslos zu. Er gibt die Gesamtverantwortung nicht ab.

Geholfen, zu dieser Erkenntnis zu kommen, haben mir auch die Ausführungen im Buch Hiob. Gott und der Teufel schließen sozusagen auf höherer Warte eine Wette ab. Es geht um die Frage, ob Hiob Gott treu bleibt, auch dann, wenn ihm alle bisherigen Segnungen genommen werden (1,10). Der Teufel sagt: Nein! Gott sagt: Ja! Nicht Gott und

Hiob liegen im Streit, sondern Gott und der Teufel. Und Hiob spielt dabei eine entscheidende Rolle. Er soll für Gott kämpfen. Hiobs Verhalten soll den Streit zwischen Gott und dem Teufel entscheiden. Gott macht seinen Ruf abhängig von Hiobs Verhalten.

Wir wissen, was da im Himmel abgelaufen ist. Hiob aber wusste nichts davon, was da auf höherer Ebene über ihn verhandelt und beschlossen wurde. Er ist ahnungslos. Hätte er davon gewusst, hätte er vielleicht gerne für Gott gelitten und gekämpft. Aber so? Wie wird er reagieren, wenn die Zugehörigkeit zu Gott wehtut? Dem Teufel geht es bei dieser Wette darum, ob Hiob auch dann – ohne Einsicht in die Zusammenhänge – Gott vertraut. Gottes Ruf steht auf dem Spiel. Gott vertraut Hiob, dass dieser ihm auch auf den Wegstrecken und in den Lebenslagen vertraut, die er nun gar nicht mehr versteht. Welch eine Herausforderung für Hiobs Gott vertrauendes Denken! Das Buch Hiob bezeugt, dass der Glaube eines einzelnen Menschen entscheidend ist und Großes wirkt.

Gott ist größer

Solange wir noch einen Sinn im Leiden sehen, gibt uns der Glaube die Kraft, unser Leiden zu tragen und zu ertragen. Schwieriger wird es, wenn uns die Sinnlosigkeit in ihren Bann ziehen will; wenn wir zum Spielball von Leid und Leiden zu werden drohen. Wenn alle unsere Fragen ohne Antwort bleiben. Das hat oft Aufbegehren und Bitterkeit im Gefolge. Hiob erging es auch so. Anfangs war er noch bereit und fähig, sich mit Gott auseinanderzusetzen. Doch je unerklärbarer und damit unbegreifbarer Gottes Wegführungen wurden, desto unverständlicher wurde Hiob seine bisherige Beziehung zu Gott; desto mehr hinterfragte er sie. Für ihn wurde aus dem »Gott für Hiob« ein »Gott gegen Hiob«. Alle bisherigen Glaubenserfahrungen wurden sozusagen auf den Kopf gestellt: Glaube wird bestraft, Unglaube belohnt! Das gibt es doch nicht! Diese Erfahrung war für Hiobs bisheriges Gottesbild ein absoluter Tiefpunkt.

Ich erkannte bei der Beschäftigung mit dem Buch Hiob etwas für mich Fundamentales: Solange ich mein Leid und Leiden nur annehme, soweit ich es verstehen, erklären und begreifen kann, maße ich mir an, Gott selbst zu verstehen. Dann passt alles in das Bild, das ich mir von ihm gemacht habe. Doch dieses Bild ist nicht identisch mit der Wirklichkeit Gottes, sonst wäre Gott nicht Gott! Der Fehler liegt aber nicht bei Gott, sondern bei mir. Es ist die alte Denkweise, die schon auf den ersten Seiten der Bibel beschrieben wird: Der Mensch will sein wie Gott! (1. Mose 3,5) Doch Gott bekommen wir nicht in unseren Griff (Psalm 147,5; Römer 11,33).

Die Beschäftigung mit dem Buch Hiob hat mir zu der Erkenntnis verholfen: Ich muss mein Gottesbild ändern. Ähnlich wie es Hiob (42,5) sagt: »Ich hatte von dir nur vom Hörensagen vernommen; aber nun hat mein Auge dich gesehen.« Mir sind die Augen geöffnet worden: In der Betroffenheit von Schmerz und Trauer, Unverständnis und Aufbegehren, Leiden und Ängsten, in all den Warum-Fragen hat mich Gott nicht verlassen! – Er hat mir ja in Jesus Christus zugesagt, jeden Tag bei mir zu sein (Matthäus 28,20). Da sind auch die »Warum-Tage« nicht ausgenommen. – Wohl aber haben mich all die Bilder, die ich mir bisher von Gott gemacht habe, verlassen. Das macht die Situation so gefährlich: Nicht was wir erleben, sondern wie wir empfinden, was wir erleiden, macht unser Schicksal aus. Darum glaube nicht alles, was du denkst. Es ist gut und hilfreich, dass der verborgene Gott, den wir Menschen nicht in den Griff bekommen, zum sichtbaren Gott in Jesus Christus geworden ist. In ihm ist er »begreif-bar« geworden. Wer Gott kennenlernen will, muss sich an Jesus Christus halten; ihn von Herzen lieben lernen. Durch ihn lernen wir verstehen, dass Gott Gedanken des Friedens und nicht des Leides über uns hat (Jesaja 55,8.9; Jeremia 29,11). Wenn uns das Leiden dahin bringt, dass wir uns Gott bedingungslos anvertrauen, hat es seinen Sinn erfüllt!

Trotzdem bleibt es schwer verständlich, dass auch das Furchtbare – Krankheit, Schmerz, Leiden, Tod –, in dem man vergeblich einen Sinn sucht, von Gott ist. Doch wenn wir ein Ja dazu haben, hat das sinnlose und ziellose Fragen ein Ende. Dann steht fest: Es geschieht nichts ohne den Willen Gottes. Diese Sinngebung kommt aus der Bibel. Als Jesus am Kreuz von Golgatha die Frage stellte: »Mein Gott, mein Gott, warum hast du mich verlassen?« (Matthäus 27,46), ging dem die Situation in Gethsemane voraus, da Jesus zu Gott sprach: »Mein Vater, wenn es möglich ist, dann lass den Kelch an mir vorübergehen und erspare mir dieses Leiden! Aber nicht was ich will, sondern was du willst, soll geschehen« (Matthäus 26,39, HfA 2015). Wir erkennen: Im Ja zum Willen Gottes liegt die Kraft zum Überwinden. Das Sterben Jesu und seine Auferstehung stehen im Zusammenhang von Ursache und Folge. Jesus musste diesen Weg gehen (Matthäus 16,21; Lukas 24,26.46; Apostelgeschichte 3,18). Es besteht eine Notwendigkeit des inneren und äußeren Leidens »für uns« (Hebräer 5,8).

Doch dem dunklen, grauenhaften Geschehen am Kreuz folgt das helle, heilbringende Geschehen der Auferstehung. »Ein Weizenkorn, das nicht in den Boden kommt und stirbt, bleibt ein einzelnes Korn. In der Erde aber keimt es und bringt viel Frucht, obwohl es selbst dabei stirbt« (Johannes 12,24).

Der Prozess der Umgestaltung

In diesen Prozess der Umgestaltung sind die an Jesus glaubenden Menschen mit hineingenommen. Dieses Wissen hilft entscheidend beim Umgang mit den Fragen nach Leid und Leiden. Wir werden Jesus Christus gleichgestaltet. »Denn wenn wir mit ihm zusammengewachsen sind, ihm gleich geworden in seinem Tod, so werden wir ihm auch in der Auferstehung gleich sein« (Römer 6,5).

Gott gibt seinen Sohn in diese Welt des Aufruhrs gegen ihn, um uns Rebellen von unserer Todverfallenheit zu retten. Denn auf Rebellion gegen Gott steht die Todesstrafe. So sehr aber liebt Gott uns Aufrührer (Johannes 3,16), dass trotzdem keiner verloren gehen soll. Gott will vielmehr jedem teilgeben an Jesu Sieg über den Teufel, die Sünde und den Tod. Stärker als der Tod ist die Liebe Gottes (Johannes 13,1). »Der Sünde Sold ist der Tod; die Gabe Gottes aber ist das ewige Leben in Christus Jesus, unserm Herrn« (Römer 6,23), sagt Paulus. Zu diesem Komplex »der Sünde Sold« gehören Schmerz, Leiden, Leid, Angst, Tränen, Einsamkeit … Doch sie werden einmal endgültig in Gottes neuer Welt beseitigt sein. Von ihr heißt es: »… und Gott wird abwischen alle Tränen von ihren Augen, und der Tod wird nicht mehr sein, noch Leid noch Geschrei noch Schmerz wird mehr sein; denn das Erste ist vergangen. Wer überwindet, der wird dies alles ererben, und ich werde sein Gott sein und er wird mein Sohn sein« (Offenbarung 21,4.7).

Die Absicht Gottes

Gott will uns nie willkürlich Schmerz zufügen, wie Satan das vorhat. Gottes Absicht ist immer eine seelsorgerliche. Er will uns, im wahrsten Sinne des Wortes, »fertig machen«, zubereiten für die Ewigkeit. Jakobus (1,13; HfA, 2015) macht uns darauf aufmerksam: »Niemand, der in Versuchung gerät, kann behaupten: ›Diese Versuchung kommt von Gott.‹ Denn Gott kann nicht vom Bösen verführt werden, und er verführt auch niemanden zum Bösen.« Vielmehr gilt: »Gott ist treu, der euch nicht versuchen lässt über eure Kraft, sondern macht, dass die Versuchung so ein Ende nimmt, dass ihr's ertragen könnt« (1. Korinther 10,13).

Ob es Ihnen ähnlich geht wie mir? Sie denken über Ihr Leben nach, über Vergangenheit, Gegenwart und Zukunft, über Freude und Leid, Glück und Not. Sie sind dabei dankbar und doch auch betrübt, froh und doch auch mutlos, weil sich – je nach körperlicher, seelischer und auch geistig-geistlicher Verfassung – dunkle Gedanken in Ihr Gott vertrauendes Denken einschleichen und Sie in Bedrängnis bringen wollen. Oft denken wir dann, uns geschehe etwas Schreckliches, wenn wir ins Leiden geführt werden, und wir müssten sofort dagegen anbeten, um möglichst schnell wieder herauszukommen. Dabei ist es Gottes Absicht, uns durch die Erprobung unseres Glaubens in unserer Persönlichkeit wachsen und reifen zu lassen, damit wir Frucht bringen.

Beispiele aus der Bibel

Mir hilft dann in solchen Situationen immer wieder, mich mit den Menschen der Bibel zu beschäftigen, über sie und ihr Leben nachzudenken und dabei nicht nur an die Sonnenseiten ihres Lebens zu denken, sondern mich ganz bewusst auch mit den Schattenseiten ihres Lebens zu befassen.

Eine dieser Personen ist Paulus, von dem uns im Neuen Testament berichtet wird und der dort aus seinem Leben erzählt. Was hat dieser Mann alles durchgemacht, erlitten, ertragen, durchkämpft. Im 2. Korintherbrief stellt er einen Katalog seiner Leiden zusammen: Angst, Schmerzen, Verfolgung, Hunger, Verzagtheit, Traurigkeit, Anfeindung – um nur ein paar zu nennen.

Wenn ich daran denke, bekommen seine Worte wie »Ich vermag alles durch den, der mich mächtig macht, Christus« (Philipper 4,13) eine ganz neue Bedeutung. Das heißt nicht nur: Ich vermag zu siegen, Anfechtungen zu bestehen, sondern auch: im Leiden mich zu bewähren, mit Schmerzen zu leben, Anfeindungen zu ertragen, Angst durchzustehen.

Oder ich denke an ein anderes Wort von ihm: »Ich vergesse, was dahinten ist, und strecke mich aus nach dem, was da vorne ist, und jage nach dem vorgesteckten Ziel, dem Siegespreis der himmlischen Berufung in Christus Jesus« (Philipper 3,13.14).

Das meint nicht ein Ausgelöschtsein der Erinnerung an schwere Wegführungen, an das, was man an Negativem erlebt hat, was einem zugefügt wurde, sondern vielmehr: Ich nehme bewusst eine neue Haltung ein, einen neuen Standpunkt, und gewinne dadurch eine neue Einstellung, eine neue Perspektive. Da heißt vergessen: Ich darf hinter mir lassen, was mich belastet, ängstigt, umtreibt. Diese Geisteshaltung ist gut, denn es gibt vieles, was wir an Leiden noch zu tragen und zu ertragen haben, solange wir auf dieser Erde leben und uns auf dem Weg nach Hause in die Ewigkeit befinden, sodass wir das, was wir ablegen können, möglichst auch ablegen sollen, damit die Kraft reicht, das zu tragen, was unser Kreuz ist (Philipper 3,10).

Worin bestand für Paulus der neue Standpunkt, von dem aus er sein Leben in neuer Perspektive sah? Er ist Jesus, Gottes Sohn, begegnet bzw. Jesus ist ihm begegnet (Apostelgeschichte 9). Dadurch hat er Vergebung seiner Lebensschuld empfangen, denn dieser

Jesus sagte ihm: Ich habe mein Leben für dich und deine Schuld am Kreuz von Golgatha geopfert. Nun bist du versöhnt mit Gott; du hast Anteil am Leben Gottes.

Wer Jesus als seinen Heiland und Herrn persönlich angenommen hat, ist Miterbe Jesu Christi. Das gilt auch, wenn ich das umfassende Erbe erst am Ziel meiner Lebenswanderung auf dieser Erde geschenkt bekomme, in der Ewigkeit, im Himmel.

Nun gibt es Menschen, die nennen diese frohe Botschaft eine billige Vertröstung aufs Jenseits. Ich kann mich dieser Meinung nicht anschließen. Ich habe persönlich, aber auch im Umgang mit vielen anderen Menschen, besonders mit vielen Langzeitkranken, eine andere Erfahrung gemacht: Weil ich vom Ziel, der Ewigkeit her denke, bekomme ich die Kraft, meinen Lebensweg dorthin trotz aller Beschwernisse, aller Anfechtungen, allem Seufzen immer wieder getrost und zuversichtlich zu gehen. Also kein Vertrösten, sondern Ermutigung zur Bewältigung des Diesseits mit seinen vielfältigen Anforderungen.

Paulus sagt es einmal so: »Ich bin überzeugt, dass dieser Zeit Leiden nicht ins Gewicht fallen gegenüber der Herrlichkeit, die an uns offenbart werden soll« (Römer 8,18). Paulus schließt sich also der Meinung, Ewigkeitshoffnung sei Vertröstung, nicht an. Nein, das Gegenteil ist der Fall: Solche lebendige Hoffnung ist konkrete Erwartung und damit Stabilisierung des Gottvertrauens.

Paulus hat viel gelitten. Aber er macht nicht viel Aufhebens um seine Leiden. Er bespiegelt sich nicht in denselben. Er lässt sich durch dieselben auch nicht die Zuversicht nehmen, sodass er spräche: »Wir müssen unsäglich viel leiden, ehe die Herrlichkeit kommt", sondern er sagt: »Was auf uns im Himmel an Herrlichkeit wartet, steht in gar keinem Verhältnis zu dem, was wir auf Erden zu leiden haben.« Das zeigt, wie realistisch Paulus das Leben mit Jesus Christus sieht. Er hat sich kein enthusiastisch hoch geschraubtes Bild von der Kraft des gegenwärtigen Lebens mit Jesus Christus gemacht (Römer 7). Er weiß sehr wohl, innerhalb welcher Grenzen er sich hier auf der Erde bewegt. Er weiß zu unterscheiden zwischen dem, was schon jetzt gegeben ist, und dem, was noch auf seine Vollendung wartet. Der Mensch, der sein Leben Jesus Christus anvertraut hat, ist erlöst. Es wäre aber falsch, von der Erlösung als von etwas nur Zukünftigem zu sprechen, wie es genauso falsch ist, von ihr als nur Gegenwärtigem zu sprechen. Paulus fasst diese beiden Gesichtspunkte zusammen, wenn er sagt: »In der Hoffnung sind wir erlöst.« Wir sind erlöst! Wer Jesus Christus als seinen Herrn hat, ist schon hier auf Erden der Gabe der Erlösung teilhaftig geworden. Andererseits besitzen wir diese Erlösung hier nur »in der Hoffnung«. Denn es liegt im Wesen der Hoffnung, dass ihr Gegenstand sich immer in der Zukunft befindet: »Eine Hoffnung, die man erfüllt sieht, ist keine Hoffnung mehr.« Paulus weiß: Glaube und Hoffnung strecken sich nach dem aus, was vor ihnen liegt. Unser endgültiges Zuhause ist im Himmel, in einem zukünftigen Leben. Dorthin geht unsere Sehnsucht. So kann Paulus sagen: »Wenn wir aber auf das hoffen, was wir nicht sehen, so warten wir darauf in Geduld« (Römer 8,25). Wer Jesus nachfolgt, weiß, dass er fern vom Zuhause ist, solange er im Leibe ist (2. Korinther 3,6); deshalb wartet er auf die Erlösung seines Leibes.

Gott hört mein Schreien

Nicht nur durch die Menschen der Bibel erfahre ich Ermutigung in meinem Leiden, sondern auch durch Menschen unserer Zeit bzw. durch Lebensbilder, mit denen ich mich befasse.

Viele Menschen haben mich in meinem Dienst der Seelsorge teilhaben lassen an ihrem Leiden. Da ist jene junge Frau und Mutter. Ein unheilbares Leiden nimmt ihr die Beweglichkeit der Arme und Beine. Auf ihrem Lager leidet sie unsägliche Schmerzen. Aber sie hält fest an Gott, der sie ein Leben lang geführt hat. Sie schreibt: »Ich kämpfe mich jeden Tag durch einen Strom von Leiden und Traurigkeit hindurch. Ich bin keine Heldin und ich bin auch keine Sekunde freudig im Leiden, weil ich immer Schmerzen habe. Ich dachte, ich wäre tapfer, wenn das Leiden an mich herankommt; aber ich bin nur still und stumm und rede immer wieder mit Gott und mit meiner eigenen Seele. Gott soll mich lehren, dass ich begreife, wozu das alles nötig ist. Und zu meiner Seele sage ich: ›Warum nur bin ich so traurig? Warum ist mein Herz so schwer? Auf Gott will ich hoffen, denn ich weiß: Ich werde ihm wieder danken. Er ist mein Gott, er wird mir beistehen!‹ (Psalm 43,5, HfA, 2015).«

Wenn Leiden unsagbar schwer wird, muss man nichts »Tapferes« sagen. Da ist es schon etwas Großes, wenn Herz und Gemüt den inneren Dialog mit Gott finden. Und wenn selbst dazu die Kraft nicht mehr reicht, hilft uns Gottes Geist in all unseren Schwächen und Nöten und betet für uns (Römer 8,26.27).

Auch diese Situation ist meiner Briefpartnerin nicht unbekannt: »Die Seele wird matt und hat oft keine Kraft mehr zum Beten, denn zum Beten braucht man Kraft. Ich glaube, dass Gott mein Schreien hört.« Einmal las sie das Bibelwort: »Wenn ich nur dich habe, so frage ich nichts nach Himmel und Erde. Wenn mir gleich Leib und Seele verschmachtet, so bist du doch, Gott, allezeit mein Trost und mein Teil« (Psalm 73). Dieses Wort traf sie tief und machte sie getrost, sodass sie mir schrieb: »Also dazu ist das alles! Es ist mir wie eine Gottesoffenbarung.« Es ist ein Geheimnis, dass Gott in solchen Lebenslagen im Herzen eine Gewissheit lebendig werden lässt, die Trost und Geborgenheit vermittelt; die Gewissheit: Ich bin von Gott angenommen und geliebt!

Die Wozu-Frage

Beim Weiterdenken an dieser Thematik kam eines Tages zu meinen »Warum-Fragen« die »Wozu-Frage«. Aus dem rückwärts gewandten Fragen, dem Fragen nach den Zusammenhängen, wurde das nach vorne gewandte Fragen. Aus dem Fragen: »Wie kann Gott das zulassen?« reifte die Frage: »Was soll, was kann, was muss ich daraus lernen?« Die Frage nach der Sinngebung löste die Sinnlosigkeit ab. Leiden ist nicht nur, was einem Menschen widerfährt, sondern auch, was er daraus macht!

So habe ich selbst festgestellt und andere haben mich darauf aufmerksam gemacht, dass ich durch eigene Betroffenheit einfühlsamer, barmherziger, verständnisvoller mit dem Leiden anderer umgehe. Durch eigenes Leiden habe ich gelernt, fremdes Leiden besser zu verstehen, mitzuempfinden, mitzutragen. Ich wurde dadurch zubereitet für einen über 15-jährigen segensreichen Dienst in der Brief- und Telefonseelsorge und in Seminaren für Konfliktbewältigung und biblische Lebensgestaltung. Aus »Rat-Schlägen« wurde Rat-Geben. Man ließ mich wissen: »Sie zeigen mir Ihre Narben; das gibt mir Mut, Ihnen meine Wunden zu zeigen.« Leidende haben eine hohe Sensibilität dafür, ob der, welcher sie trösten und ermutigen will, selbst recht weiß, wie sie leiden, weil er selbst Betroffener ist; ob er selbst umsetzt, wozu er andere ermutigt. Ungebrochene Menschen, die den Schmerz, das Leiden nicht kennen, können letztlich nicht mit-leiden – selbst wenn sie wollen. Ihnen fehlt die Voraussetzung dafür: die eigene Betroffenheit. Der Mangel an Leiden macht den Menschen hart und unbarmherzig, oft auch hilflos dem Betroffenen gegenüber. Sie verbreiten durch ihren permanenten Optimismus Entmutigung statt

Ermutigung – auch geistlich. Während der, der viel leidet bzw. in seinem Leben schon gelitten hat, so etwas wie einen sechsten Sinn, besondere Sensibilität für ähnlich Betroffene entwickelt. Das ist einerseits ein großes Plus beim seelsorgerlichen Begleiten, zugleich gilt es aber auch, darauf achtzuhaben, dass man nicht vom Leid und Leiden anderer erdrückt wird. Auch Mit-Tragen und Mit-Ertragen haben ihre Grenzen. Hier muss man lernen, eine »engagierte Distanz« zu leben, um sich selbst zu schützen. Carl Hilty sagt einmal: »Das Leiden ist die Schule für das Leben, die göttliche Berufung und Legitimation dazu, ohne welches die Menschen niemandem, der sich bloß selbst vorstellt, Vertrauen schenken.«

Ich erlebe bis heute: Leiden hat seinen Eigenwert, denn die Erfahrungen, die ich darin sammle, kann ich sonst nirgends machen. Das meint nun nicht, sich nach Leiden auszustrecken, denn Leiden an sich ist nicht gut; aber es ist einer der stärksten Faktoren im Leben. Entweder es profiliert oder zerstört unsere Persönlichkeit. Entweder es macht einen Menschen stark oder er zerbricht daran. Darum ist es hilfreich, Leiden anzunehmen, wenn es uns begegnet; es wirkt dann umgestaltend, heilsam prägend im eigenen Leben und zum Segen für andere und zur Ehre Gottes.

… dass sie mehr Frucht bringe

In der Bibel werden verschiedene Aussagen gemacht, die zum Ausdruck bringen, was Leiden positiv bewirken kann und will. Im neuen Testament spricht Jesus z. B. vom Weingärtner, vom Weinstock und den Reben: »Ich bin der wahre Weinstock und mein Vater der Weingärtner. Eine jede Rebe an mir, die keine Frucht bringt, nimmt er weg; und eine jede, die Frucht bringt, reinigt er, dass sie mehr Frucht bringe" (Johannes 15,1.2). Jesus vergleicht Gott mit dem Weingärtner, sich selbst mit dem Weinstock und die Menschen, die an ihn glauben, mit den Reben. Vordergründig gesehen kann man es gar nicht verstehen, wenn der Winzer das Messer nimmt und scheinbar alles unbarmherzig abschneidet, was nach seiner Kenntnis und Voraussicht keine Frucht tragen wird. Die Erfahrung aber zeigt: Je mehr er den Weinstock zurückschneidet, desto mehr wird er im Herbst Frucht bringen.

Auch bei uns Menschen wird manches beschnitten, was wir nicht verstehen, wogegen wir – kurzsichtig, wie wir sind – uns wehren. Da gibt es so viele wilde Triebe, so viel eigenes Trachten und Tun und so wenig wirkliches Ausgerichtetsein nach den Absichten Gottes (Matthäus 6,33). Wenn wir von Gott beschnitten werden, dann tut er das nicht, um uns wehzutun, sondern damit wir mehr Frucht für ihn tragen; transparenter für sein Wirken werden. »Veredlung setzt wie in der Natur einen Einschnitt voraus.« Ja sagen zu den Führungen Gottes hat nichts zu tun mit dem mühsamen Versuch, sich eine lebensbejahende Haltung anzutrainieren. Es ist zwar eine geistliche Übung, aber es ist zuallererst ein Wirken Gottes an uns, das er dem, der seinem Handeln stillhält, schenkt. Es ist eine Gabe, die jedem zuteil wird, der die Zusagen der Bibel für sich persönlich in Anspruch nimmt. Er erfährt: »Meine Seele ist stille zu Gott, der mir hilft« (Psalm 62,2) oder wie dieses Wort auch wiedergegeben wird: »Nur bei Gott komme ich zur Ruhe; geduldig warte ich auf seine Hilfe« (HfA, 2015). Es ist ein von Jesus für Jesus gebrauchsfähig gemacht werden.

Krisen sind Reifezeiten, »reife Zeiten« des Lebens. Sie beinhalten Gefahren, aber auch Chancen. Kaum einem bleiben sie erspart. Das Wort stammt aus dem Griechischen und bedeutet soviel wie »Scheidung«, »Entscheidung«. Es geht also darum, wie ich einer Krise begegne, wie ich mich in ihr verhalte, was ich aus ihr mache. Krisen führen in Bedrängnis. Das Leben wird dadurch not- und sorgenvoll. Fragen treiben um. Antworten werden gesucht. Das Gott vertrauende Denken kommt auf den Prüfstand. Eine Krise wird gefährlich für Geist, Seele und Körper, wenn sie nicht richtig verarbeitet wird. So belastend sie einerseits ist, beinhaltet sie andererseits auch die Möglichkeit, zu neuen heilsamen Erkenntnissen zu kommen. Wenn man diese umsetzt, kommt es zu positiven Veränderungen im Leben, unsere Persönlichkeit wächst und reift. Sie wird profiliert! Die entscheidende Frage ist also, wie ich mich in einer Krise verhalte, was ich aus ihr mache. Das ist zwar Arbeit, aber sie lohnt sich! Problematisch wird es, wenn man diese Arbeit scheut und ihr ausweicht.

Zur Krisenbewältigung gehört die Bereitschaft, seinen alten Standpunkt zu verlassen, um eine neue Perspektive zu bekommen. Wenn man schon seine Lebensumstände nicht ändern kann, so doch die Einstellung dazu. Umdenken ist hier notwendig, wendet die Not! In der Krise zeigt sich: Worauf ich mich konzentriere, das gewinnt Macht über mich. Man wird zu dem, was man am meisten denkt. Deshalb gilt: »Achte auf deine Gedanken, denn sie entscheiden über dein Leben! Der Herr gab dem Menschen den Verstand, um seine innersten Gedanken und Gefühle zu durchleuchten« (Sprüche Salomo 4,23;20,27; HfA, 2015). Ein Gebet, das dem schwäbischen Pfarrer Friedrich Christian Oetinger zugeschrieben wird, konkretisiert das: »Herr, gib mir die Gelassenheit, Dinge hinzunehmen, die ich nicht ändern kann. Gib mir den Mut, Dinge zu ändern, die ich ändern kann, und gib mir die Weisheit, das eine vom andern zu unterscheiden.« In solcher Gesinnung – es gehört Aufrichtigkeit sich selbst gegenüber dazu – können Krisen zu positiven Wendepunkten im Leben werden. Sehnsucht, Verlangen nach Veränderung ist dabei eine kreative Kraft. Wer keine Sehnsucht nach heilsamer Veränderung in seinem Leben mehr nährt, stumpft ab. Veränderung heißt immer loslassen. Nur wer altes Land verlässt, kann neues einnehmen! In einer Krise haben wir zwei Möglichkeiten: Entweder ich ändere die Lage oder ich ändere mich! Konkret kann das heißen:

❊ Ich entscheide mich, Vergangenes, Verlorenes loszulassen, ohne ihm ständig nachzutrauern und freue mich über das Verbleibende, Gegenwärtige und Zukünftige.

❊ Um Einsamkeit konstruktiv zu begegnen, warte ich nicht darauf, eingeladen, besucht, angerufen zu werden, ich lade ein, besuche, rufe an!

❊ Statt über schmerzliche Erlebnisse und Erfahrungen ständig weiter zu grübeln, bitte ich Gott um innere Heilung und offene Augen für neues Gutes.

❊ Wo mir Unrecht widerfahren ist, trage ich nicht mehr nach, damit ich die Last loswerde.
❊ Böses will ich nicht mit Bösem vergelten, sondern mit Gutem überwinden.
❊ Vergebung heilt zuerst den, der vergibt! Sie beginnt im Kopf und vollendet sich im Herzen. Das gilt auch für den konstruktiven Umgang mit Neid und Bitterkeit. Sie sich aus dem Kopf schlagen zu wollen, bringt Kopfschmerzen. Wer sich mit seiner Vergangenheit nicht aussöhnt, lässt zu, dass sie sein Heute bestimmt. Von Herzen vergeben, setzt neue, heilsame Kräfte frei. Wer dies praktiziert, macht wunderbare Erfahrungen. Er erlebt: Ich denke, empfinde, verhalte mich tatsächlich neu, anders, positiver, heilsamer als bisher. Das tut Geist und Seele wohl und auch der Körper profitiert davon.

Ein Tipp: Schriftlich festhalten, was sich konkret im Leben durch diese Gesinnung positiv verändert hat. Das hilft, sich immer wieder selbst daran zu erinnern, was sich durch neues Denken und Fühlen, Sprechen und Schweigen, Agieren und Reagieren zum Guten im

Leben verwandelt hat. Ein »Denk-Zettel« kann so zum »Dank-Zettel« werden, sodass man schwarz auf weiß sehen kann: »Im Danken kommt Neues ins Leben hinein, ein Wünschen, das nie du gekannt« (Heino Tangermann).

Das Leben vieler von Krisen heimgesuchter Menschen zeigt: Wer mit Gottes und der Hilfe von Menschen sich selbst besser versteht, lernt andere besser zu verstehen. Wer ein Ja zu seiner Situation hat und dann beginnt, sein Leben neu zu gestalten, für den werden Krisen zu Zeiten des Wachsens und Reifens. Seine Persönlichkeit wird profiliert. Er lernt, mit belastenden Gegebenheiten ausgesöhnt zu leben. Die Kraft dazu hat ihren Grund im Erleben der Zusage Gottes, dass er grundsätzlich einen guten Willen über unserem Leben hat, auch wenn wir seine Wegführungen nicht verstehen. Der Apostel Paulus schreibt dazu aus eigener Betroffenheit und Erfahrung: »Wir wissen aber, dass denen, die Gott lieben, alles Dinge zum Besten dienen« (Römerbrief 8,28). Das heißt doch: Im Ja zum Willen Gottes liegt die Kraft zum Überwinden. Deshalb ist es eine lohnende Aufgabe, mit Gottes Willen identisch zu werden. Gott will die Krisen zu Reifezeiten (reifen Zeiten!) unseres Lebens werden lassen, in denen wir wachsen und Frucht tragen. Er benutzt sie, um etwas Gutes an uns und durch uns zu bewirken, unser Leben zu reinigen und zu heiligen, einen Umdenk- und Aufbauprozess in Gang zu setzen, um uns für sich gebrauchsfähiger zu machen. Das gelingt nur, wenn wir Glauben wagen; wenn wir Vertrauen in die Wegführungen Gottes mit unserem Leben investieren. Dann gehen wir gereift aus den Krisen unseres Lebens hervor. Dazu bedarf es allerdings der willentlichen Entscheidung, Erkanntes auch umzusetzen. Denn was nicht umgesetzt wird, bringt keine positive Veränderung.

Die Bibel ist für mich das beste Psychologiebuch, weil sie den Menschen einerseits beschreibt, wie er ist und ihm andererseits Wege aufzeigt, dass er nicht bleiben muss, wie er ist. In ihr schreiben die Autoren von ihren Erfahrungen mit Jesus Christus, wie durch seinen Einfluss ihre Persönlichkeit in Krisen, Kummer und Konflikten gereift ist und profiliert wurde und wie dadurch Neues in ihr Leben kam. Neues heißt: Gelassenheit und Geduld, Kraft und Freude, Zuversicht und Hoffnung, Dankbarkeit und Zufriedenheit. Lesen Sie doch täglich darin. Es lohnt sich!

Stille werden

Es geht also zunächst um das Zur-Ruhe-Kommen, das Nachdenken, sich Besinnen, Einkehr halten, das Stillewerden. Wie sieht das praktisch aus? Ganz verschieden wird es erlebt. Ein paar Erfahrungen anderer sollen es verdeutlichen. Liederdichter haben es so beschrieben:

❊ »Stillehalten deinem Walten, stillehalten deiner Zucht, deiner Liebe stillehalten, die von je mein Heil gesucht.«
Karl Rudolf Hagenbach, 1801–1874

❊ »Was Gott tut, das ist wohlgetan, es bleibt gerecht sein Wille; wie er fängt seine Sachen an, will ich ihm halten stille. Er ist mein Gott, der in der Not mich wohl weiß zu erhalten; drum lass ich ihn nur walten.«
Samuel Rodigast, 1649–1703

❊ »Ich will mich fügen und halten still und

mich begnügen, wie Gott es will. Ich will nicht fragen: Warum das mir? Du wirst mich tragen, mein Gott, zu dir. Und mag zerbrechen die ganze Welt, so darf ich sprechen: Wie's Gott gefällt. Ich bin geborgen – o sel'ger Stand! – so heut wie morgen in Gottes Hand.«
Gerhard Fritzsche, 1911–1944 (vermisst)

Neue Prioritäten
»... dass uns werde klein das Kleine und das Große groß erscheine« (Marie Schmalenbach, 1835–1924). Durch das Leiden wird uns der Blick geöffnet, das Wertlose vom Wertvollen zu unterscheiden, das Hilfreiche vom Schädlichen, das Wichtige vom Unwichtigen, das Eilige von dem, was Zeit hat, das Bleibende vom Vergänglichen. Manches von dem, was uns vorher wichtig und unentbehrlich schien, wird unbedeutend. Notwendiges, das verdrängt, versäumt wurde, kommt wieder zur Geltung. In der Stille vor Gott gewinnen wir neue Einsichten, bekommen wir einen neuen Durchblick. Wie von höherer Warte können wir neue Perspektiven für unser Leben gewinnen. Ein neues Blickfeld tut sich vor uns

auf. Ewigkeit bricht sozusagen in unsere Zeit. Hudson Taylor sagt es einmal so: »Zu lernen, was Gott uns durch die Not lehren will, ist wichtiger, als aus ihr herauszukommen.«

Es gehört Mut dazu, neu gewonnene Erkenntnisse mit Gottes Hilfe dann auch in die Tat umzusetzen. Denn was nicht umgesetzt wird, bringt keine positive Veränderung. Es ist nicht immer leicht, aus eingefahrenen Rillen herauszukommen und neue Wege zu gehen. Ein Weg entsteht, indem man ihn geht.

Leiden kann den Raum zum Beten weiten.
Während ich diese Gedanken niederschreibe, kommt ein Brief auf meinen Schreibtisch. Eine MS-kranke Hörerin des ERFs (heute ERF Medien) lässt mich wissen: »Seit ich mich bekehrt habe – und das ist schon Jahre her –, lese ich in der Bibel und bete täglich. Mein Bewegungskreis ist sehr eng. Ich kann nicht viel unternehmen. Öfters bekomme ich Besuch. Nicht immer habe ich Gottes Wege mit meinem Leben verstanden; erst recht nicht, als meine Krankheitszeit zur Lebenszeit werden sollte. Heute allerdings weiß ich und

habe das auch ganz bewusst angenommen, dass ich auch in der Krankheit nützlich sein kann. Ich habe viel Zeit und nehme mir viel Zeit zum Beten. Ich tue das ganz bewusst. Das meint nicht nur, mit meinen Anliegen vor Gott kommen bzw. die Probleme anderer vor Gott tragen, sondern in der Stille auch hören lernen, was Gott durch sein Wort und seinen Geist, durch von ihm eingegebene Gedanken, durch Gespräche mit anderen, durch Literatur, durch Begebenheiten des Alltags mir sagen will. Da spielt die Zeitung eine ebenso wichtige Rolle wie mein Andachtsbuch. In der Zwischenzeit habe ich mir ein Gebetbuch angelegt, in das ich meine Gebetsanliegen mit Datum eintrage und dann auch notiere, wie und wann Gott auf mein Gebet reagiert hat. Das ist eine hochinteressante Lektüre. Besonders in schlaflosen Nächten lese ich darin und erfahre dadurch Ermutigung, weiterhin anhaltend und vertrauensvoll zu beten. Ich habe in der Zwischenzeit für mich die froh machende Erfahrung gemacht, dass Beten ›an sich‹ ein das Leben als Christ total aus- und erfüllender Dienst sein kann.«

Leiden kann aufs Bibelwort hören lassen.
Das bezeugt ein anderer Briefschreiber: »Wie tröstlich zu wissen, dass Krankheit nicht Strafe, sondern auch Gottes Gnade sein kann. Mich hat diese Frage lange umgetrieben, da es trotz allem Beten und Handauflegen, trotz aller ärztlicher Bemühungen bei mir nicht besser, sondern über die Jahre immer schlechter geworden ist. Manchmal dachte ich: Glaube ich nicht richtig? Gibt es besondere Schuld in deinem Leben? Da habe ich wieder einmal im 2. Korintherbrief, Kapitel 12 gelesen. Paulus hat sehr viel Leid, Angst, Not und Krankheit erdulden müssen. Er wurde auch nicht frei davon, obwohl er von Herzen dafür betete. Seine Erfahrungen mit Leid und Leiden kann uns kleinen Glaubenslichtern Ermutigung bieten, schreibt er doch: ›Auf dass ich mich nicht der großen Offenbarungen überhebe, ist mir gegeben ein Pfahl ins Fleisch, nämlich des Satanas Engel, der mich mit Fäusten schlage, auf dass ich mich nicht überhebe, dafür ich dreimal zum Herrn gefleht habe, dass er von mir wiche, und er hat zu mir gesagt: Lass dir an meiner Gnade genügen, denn

meine Kraft ist in den Schwachen mächtig. Darum will ich mich am allermeisten rühmen meiner Schwachheit, auf dass die Kraft Christi bei mir wohne. Darum bin ich guten Muts in Schwachheiten, Misshandlungen, in Not, in Verfolgung, in Ängsten um Christi willen. Denn wenn ich schwach bin, so bin ich stark.‹ (2. Korinther 12,7–10)

Mir wurde klar: ›Meine Kraft ist in den Schwachen mächtig‹ meint nicht, dass ich das Leiden suchen soll, um Gottes Kraft zu erfahren. Es ist vielmehr so: Leiden und Schwachheit sind Gegebenheiten, in denen ich Gottes Treue erfahre, aber nicht Voraussetzung dafür.«

Leiden kann die Persönlichkeit eines Menschen profilieren –

auch das ist eine konkrete Erfahrung Betroffener. »Gott erzieht euch, wenn ihr dulden müsst« (Hebräer 14,7). Es ist eine Zurechtweisung, ein Auf-den-richtigen-Weg-Bringen. Gottes Volk selbst, Israel, ist das beste Beispiel dafür. Wie viel Ungehorsam, Eigenwilligkeit hat es in notvolle Situationen gebracht. Trotz eindeutiger Warnungen Gottes durch seine Sprecher, die Propheten, hat es sich nicht um Gottes Zurechtweisungen gekümmert, sondern ist seinen eigenen Weg gegangen. Da Gott sein Volk liebt, musste er es heimsuchen. Zunächst klingt dieses Wort negativ. Aber es ist eine durch und durch positive Aktion Gottes. Er sucht das Verirrte, um es wieder unter seine Führung heimzuholen. »Wen Gott liebhat, den weist er zurecht« (Sprüche 3,12; Hebräer 12,6; Offenbarung 3,19). Es hilft, diese Gedanken Gottes, seine heilsame Pädagogik, besser zu verstehen, wenn wir einmal in Ruhe das 12. Kapitel des Hebräerbriefes lesen und bedenken. Der Mann, der das niedergeschrieben hat, kommentiert nicht leichtfertig seine Erfahrungen mit dem Leiden, sondern stellt fest: »Natürlich freut sich niemand darüber, wenn er gestraft wird; denn Strafe tut weh. Aber später zeigt sich, wozu das alles gut war. Wer nämlich auf diese Weise Ausdauer gelernt hat, der tut, was Gott gefällt, und ist von seinem Frieden erfüllt.« (Hebräer 12,11; HfA, 2015) Durch das Leiden sind wir in der Schule Gottes. In jedem Semester gibt es neuen Lernstoff. Das heißt – und das ist auch meine persönliche Erfahrung –: Das Leben in der Nachfolge Jesu wird, je länger wir ihm folgen, nicht leichter, sondern schwerer. Die Lektionen, die wir zu lernen haben, sind völlig neu einzuüben. Dazu gehört die Erfahrung: »Wenn auch unser äußerer Mensch verfällt, so wird doch der innere von Tag zu Tag erneuert« (2. Korinther 4,16). Als wohltuend empfinden wir es, wenn uns hin und wieder »Ferien« in diesem Lernprozess gegeben werden.

Leiden kann uns fester an Gott binden.
Der Leidende erfährt seine völlige Abhängigkeit von Gott. Gerade in der Krankheit können wir lernen, dass alle unsere vermeintlichen Sicherheiten letztendlich vergeblich sind und nicht durchtragen. In der Gewissheit, von Gott getragen zu werden, kann ich Leid und Leiden besser tragen und ertragen lernen. Es wird erträglicher, wenn ich sprechen kann: »Auf meinen lieben Gott trau ich in Angst und Not. Mein Unglück kann er wenden, steht alls in seinen Händen« (Lü-

beck vor 1603). Es ist eine Wechselbeziehung: Gott vertraut mir, dass ich ihm vertraue! Seine Hilfe muss nicht meinen Erwartungen entsprechen, aber er hilft. Entweder er ändert die Situation oder er ändert meine Einstellung dazu oder er gibt mir Kraft zum Tragen oder er schenkt mir neue Einsichten oder er gibt neue Gesundheit oder … Vielfältig sind seine Möglichkeiten der Hilfe. Es mag sein, dass uns deswegen manchmal alles aus der Hand genommen wird, damit uns neu klar wird: Geht es uns in erster Linie um die Hilfe oder um den Helfer? Das mag uns im Kopf sogar vom Glauben her einsichtig sein und wir bejahen es, aber in der realen Situation ist es doch etwas anderes, wenn wir es dann zu erleiden haben. Kopf- und Herzensglaube sind eben doch verschiedene Gegebenheiten. Wenn uns im Herzen einsichtig wird: »Nichts kann mich scheiden von der Liebe Gottes« (Römer 8,33–38), haben wir ganz Entscheidendes für unsere Jesus-Nachfolge gelernt. Wir machen »Fort-Schritte« im Nachfolgen. Dann beginnen wir, in unserem Gott zu ruhen. Sein Friede regiert unser Herz. Wir gehen mit den Gegebenheiten gelassener um. Leiden kann unser Leben profilieren.

Die Kirchen-, Literatur-, Musik- und Kunstgeschichte – überhaupt unser Leben – zeigt, dass Leiden ein besonderes Mittel ist, Gaben im menschlichen Leben zu profilieren. Ob wir an Paulus oder Luther denken, an Helen Keller oder Sabriye Teuberken, an Bach oder Beethoven, an Grandma Moses oder viele mehr – sie alle sind ein Beispiel dafür, dass Wertvolles aus Leiden hervorgehen kann. Leiden kann ein tiefes, intensives und damit reiches Leben in sich schließen. Noch etwas anderes zeigt sich im Leiden: Man lernt Menschen in ihren Leidenszeiten am besten kennen; weniger in Zeiten des Glücks und Wohlergehens. Denn gerade in schwierigen Zeiten werden die Merkmale ihres Wesens, ihres Charakters besonders offenbar. Da zeigt sich die Größe ihrer Persönlichkeit.

Ein Drittes: Frucht des Leidens wird oft im Leidtragen reif. Es bleibt nicht ohne heilsame Auswirkung, wenn geläuterte Gedanken und Gefühle sich in der konkreten Lebensgestaltung äußern. Das ist meistens dann zum Segen für andere. Beides: Ethik und Moral bekommen davon ihre Wertmaßstäbe. Leiden bildet, prägt die Lebensanschauung. Im Leiden geläuterte Menschen sind oft weise Persönlichkeiten, von denen sowohl Ausstrahlung als auch Anziehungskraft ausgehen.

Leiden führt den Glauben in die Bewährung. Nicht selten denken wir, wenn's ins Leiden geht: »Herr, bewahre mich davor.« Wir sind auch als Nachfolger Jesu grundsätzlich leidensscheu. Wir denken und wünschen es uns, ja wir erbitten es auch von unserem Gott, dass wir im Glauben wachsen, reifen und Frucht tragen, aber wenn möglich ohne Erprobung unseres Gottvertrauens. Doch ein solches Wachstum im Glauben finden wir nirgends in der Bibel. Vielmehr ist es so, dass Vertrauen nur dann reift, wenn es in die Erprobung kommt. Paulus beschreibt das in seinem Brief an die Gemeinde in Rom so: »... sondern wir rühmen uns auch der Bedrängnisse, weil wir wissen, dass Bedrängnis Geduld bringt, Geduld aber Bewährung, Bewährung aber Hoffnung, Hoffnung aber lässt nicht zuschanden werden; denn die Liebe Gottes ist ausgegossen in unsre Herzen durch den Heiligen Geist, der uns gegeben ist« (Römer 5,3–5). Das geht nicht von heute auf morgen. Das ist ein Prozess. Da baut eins aufs andere auf. Das kleine Wörtchen »aber« ist ein Kulminationspunkt, ein Stabilisierungsfaktor, dem eine neue Wachstumsphase folgt.

Im Leiden kann man Geduld lernen.
Geduld ist keine Eigenschaft, sondern ein Verhalten. Mit Geduld bezeichnet die Bibel das Tragen und Ertragen von Schwerem, das Darunterbleiben und Ausharren des Menschen in Schwierigkeiten, das Erdulden und Aufsichnehmen von Lasten, das Aushalten der Spannung von Verheißung und Erfüllung. Es ist nicht das Abwarten, ob Gott hilft, sondern das Warten und Erwarten seiner Hilfe, das Hoffen auf sein Eingreifen; das Herbeisehnen seiner Hilfe – wie immer sie aussieht.

In der Krankheit kann das z. B. heißen:

❊ Heilung der Krankheit: Gott schenkt Genesung

❊ Stillstand der Krankheit: Auch das liegt in Gottes Ermessen
❊ Leben mit der Krankheit: »Lass dir an meiner Gnade genügen.«

Geduld ist dabei die Not-wendige Kraft (Jakobus 1,3.4). All die genannten Umschreibungen dessen, was Geduld ist, sind erfüllt von der Gewissheit und Zuversicht, dass Gott zu seiner Zeit handeln wird. Es ist Glaube gegen den Augenschein (Hebräer 11,1). Die Quelle dieses Gestärktwerdens ist Gott und die – im Bild gesprochen – Brunnenröhre, durch die uns seine Kraft zugutekommt, der Glaube. Zu diesem Gottvertrauen gehört Langmut, ein »lang anhaltender Mut«, Ausdauer. Aus dem Glauben gestärkte Hoffnung wird nicht zuschanden, auch wenn es den Anschein hat, alles sei einem blinden Schicksal, dem, was man landläufig Zufall nennt, überlassen. Es ist vielmehr ein zuversichtliches Warten darauf, dass sich erfüllt, was Gott zugesagt hat, dass seine Hilfe, sein Eingreifen geschieht.

Leiden kann das Verständnis für andere vertiefen.
André Gide sagt einmal: »Ich glaube, dass die Krankheiten Schlüssel sind, die uns gewisse Tore öffnen.« Ich denke ganz ähnlich. Es gibt jedenfalls einen Gesundheitszustand, der uns nicht erlaubt, alles zu verstehen. Wer stets auf der Sonnenseite des Lebens stand, kann nicht wirklich nachempfinden, wie es auf der Schattenseite ist. Vielleicht verschließt uns die Krankheit einige Wahrheiten; ebenso aber verschließt uns die Gesundheit andere, sodass man in Gefahr steht, sich aus Hilflosigkeit nicht mehr um den Leidenden zu kümmern; seine Nähe nicht mehr zu suchen. Ich habe unter denen, die sich einer unerschütterlichen Gesundheit erfreuen, nur ganz wenige gefunden, die dabei geblieben sind, und sei es schweigend; eben ohne die in sich schlüssigen Seelsorgekonzepte der Freunde Hiobs anwenden zu wollen, die aber keineswegs eine Hilfe für Hiob waren. Das »Mit-Leiden« will gelernt sein. Mitleid tut weh! Wenn es einem entgegengebracht wird, kommt man sich noch erbärmlicher vor, als man sich schon

fühlt. Mitleiden ist aber auch eine wohltuende Zuwendung, die ermutigt, aufbaut, motiviert.

Leiden kann die Gemeinschaft stärken.
Paulus sagt: »Wenn ein Glied leidet, so leiden alle Glieder mit, und wenn ein Glied geehrt wird, so freuen sich alle Glieder mit« (1. Korinther 12,26). Das ist eine heilsame, wohltuende, aufbauende Solidarität der Glaubenden: »Freut euch mit den Fröhlichen, weint mit den Weinenden« (Römer 12,15). Menschen, die so leben, haben keine Berührungsängste. Sie leben vom Teil-Geben und Teil-Nehmen, vom Mit-Tragen, vom Zueinander-Finden; vom Gedanken-Austausch, von der Gebets-Gemeinschaft. Das ist eine Bereicherung aller, wenn man etwas gemeinsam getragen, ertragen und sich gegenseitig darin bewährt hat. Jakobus erinnert uns in seinem Brief an diesen Segen: »Leidet jemand unter euch, der bete; ist jemand guten Mutes, der singe Psalmen. Ist jemand unter euch krank, der rufe zu sich die Ältesten der Gemeinde, dass sie über ihm beten und ihn salben mit Öl in dem Na-

men des Herrn. Und das Gebet des Glaubens wird dem Kranken helfen, und der Herr wird ihn aufrichten; und wenn er Sünden getan hat, wird ihm vergeben werden. Bekennt also einander eure Sünden und betet füreinander, dass ihr gesund werdet. Des Gerechten Gebet vermag viel, wenn es ernstlich ist« (5,13–16). Es geht um Solidarität, die Verständnis für die Lebenslage des anderen aufbringt, um Einfühlungsvermögen, Angenommensein. Voraussetzung dafür ist: Man versteht sich selbst, sein Geworden sein. Man hört mit dem Herzen. Sieht mit den Augen des Herzens. Man ist behutsam mit seinen Worten, seinen Reaktionen (Jesaja 50,4). Dazu bedarf es der Weisheit. Diese dürfen wir uns von Gott erbitten (Jakobus 1,5).

Leiden kann die Sehnsucht nach der Ewigkeit wecken.

Die lebendige Hoffnung auf den Himmel hat Christen zu allen Zeiten die Kraft gegeben, Leid und Leiden zu tragen und zu ertragen. Sie wussten, Leiden gehört zur Jesus-Nachfolge. Für viele ist das in unseren Tagen wie ein

Fremdwort. Sie können wenig damit anfangen. Es ist schwer geworden, selbstverständlich von der Wirklichkeit einer unsichtbaren Welt auszugehen.

Offenbar ist diese Realität christlichen Glaubens verloren gegangen, weil wenig darüber gepredigt und noch weniger davon in den Familien gesprochen wird. Die Lebens- und selbst die Glaubensgestaltung ist ganz diesseitsbezogen geworden. Es fehlt die Ewigkeitsperspektive. Die lebendige Hoffnung auf das ungetrübte Leben in Gemeinschaft mit Gott in der Ewigkeit ist die Basis dafür, dass »Leiden wertvoll werde«!

Es ist oft hilfreich und zugleich heilsam, sich jemandem im Gespräch anzuvertrauen, um sein Herz zu erleichtern. Mir hat es in den körperlichen und seelischen Engpässen meines Lebens schon manches Mal entscheidend geholfen. Auch das miteinander und füreinander Beten ist ein den Glauben an Jesus Christus stärkendes Erleben. Könnte ich nicht beten, Gedankenaustausch mit Jesus und Menschen haben, ich hätte über den oft unerträglichen Schmerzen und Anfechtungen schon resigniert, aufgesteckt. So aber hilft es mir, immer wieder aufzustehen und meinen Lebensweg mit Jesus weiterzugehen. Er kennt mich. Er versteht mich. Er liebt mich. Er ist und bleibt bei mir. Er hat auf der Erde ganz anders gelitten als ich. Neben den körperlichen Schmerzen, die man ihm zugefügt hat, hat er das ganze Leid und Elend, das durch die Sünde in diese Welt gekommen ist, auf sich genommen und für mich ans Kreuz getragen. Da ist eine Solidarität entstanden: »Sind wir aber Kinder (Gottes), so sind wir auch Erben, nämlich Gottes Erben und Miterben Christi, da wir ja mit ihm leiden, damit wir auch mit ihm zur Herrlichkeit erhoben werden« (Römer 8,17). Durch dieses Wissen und Erleben keimt dann wieder Hoffnung im Gott vertrauenden Denken auf, den neuen Tag zu bestehen. »Herr, ich bitte nur für diesen, dass mir werde zugewiesen, was ich heute brauchen mag.« Die Kraft gibt Gott. Niemand weiß genau, wie es dabei zugeht. Aber wenn es geschieht, dann wissen wir, dass es Gott war. Sei es durch ein Bibelwort, ein Gebet, einen Menschen. So wird aus dem Geduldsfaden, der zu reißen drohte, im Laufe des Tages ein Seil, sodass die Hoffnung aufkeimt, eines Tages könnte sogar wieder ein Tau daraus werden. Wie Paulus sagte: »Hoffnung aber lässt nicht zuschanden werden« (Römer 5,5).

Leiden macht selig.

Jesus sagt das einmal so: »Selig sind, die da Leid tragen; denn sie sollen getröstet werden« (Matthäus 5,4).

Leid und Leiden, das ist der Unfall, der ein Leben auf sehr wenige Lebensmöglichkeiten einschränkt. Das ist die Krankheit, die mehr und mehr Schmerzen mit sich bringt und immer weniger Aktivität erlaubt. Das ist die seelische Belastung, in der man von einem tiefen, schwarzen Loch ins andere hineinstolpert und keinen Ausweg mehr sieht. Das ist die Trauer über den Tod, der einen lieben Menschen weggerissen hat. Das sind all die menschlich ausweglosen Lebenslagen, in denen man nichts als resignieren oder mit Gewalt dagegen rebellieren möchte.

Es ist nicht dieses Leiden, das einen Menschen selig macht. Es tut besonders weh, wenn uns dies als biblische Meinung oder als vermeintlicher Trost gesagt wird, etwa in dem Sinn: »Gott tut dir mit dem Leiden einen Gefallen, du sollst dadurch selig werden.« Solche Bemerkungen sind weder biblisch noch menschlich; sie sind einfach lieblos. Es ist anders: Derjenige, der sein Leiden trägt, wird von Jesus selig gepriesen. Das erinnert an Jesu Wort: »Will mir jemand nachfolgen, der verleugne sich selbst und nehme sein Kreuz auf sich und folge mir« (Matthäus 16,24). Nachfolge ohne Kreuztragen gibt es nicht. Kreuztragen ist identisch mit Leiden (auch um Jesu Christi willen). Wer ein qualifiziertes Christsein leben will, muss bereit sein zum Leiden. Wir werden damit Jesus Christus gleichgestaltet.

Leiden tragen meint also zweierlei. Einmal: sein Kreuz auf sich nehmen und Jesus nachtragen. Und: sein Leiden vor Gott tragen. Man muss im Leiden auch die Hilfe suchen. Geduld und Ergebung sind die Basis zum Leiden-Tragen, aber auch das Gebet »Herr, hilf mir!« gehört dazu. Gebetsworte, wie wir sie z. B. in Psalm 13 finden: »Herr, wie lange willst du mich so ganz vergessen? Wie lange verbirgst du dein Antlitz vor mir? Wie lange soll ich sorgen in meiner Seele und mich ängsten in meinem Herzen täglich?« Solche Klagelieder enden meistens mit der Bitte um die Hilfe Gottes und im Voraus mit dem Dank, dass Gott helfen wird. Wichtig ist, dass zum Tragen des Leidens auch das Klagen über das Leiden gehört. Ich will es so sagen: »Selig sind, die über Leiden klagen, denn sie sollen getröstet werden.«

Glaubende Menschen dürfen über ihr Leiden klagende Menschen sein. Das war zu allen Zeiten so; zur Zeit der Bibel bis heute. Wir dürfen klagen mit Worten der Bibel oder des Gesangbuchs oder uns auch die Klageworte anderer zu Eigen machen. Das Entscheidende dabei ist: Unser Klagen ist nicht ein zielloses Jammern, sondern ein gezieltes Klagen gegenüber Gott. Nicht ein Anklagen, sondern ein Hinausklagen unserer Not an Gott, der zuhört und der im Zuhören mitträgt. Manchmal geht dieses Klagen noch leichter, wenn nicht nur Gott mithört, sondern auch ein verständnisvoller, einfühlsamer, selbst im Leiden getrösteter Mensch.

Leid tragen macht selig. Leid klagen macht selig. Doch nicht das Tragen, nicht das Klagen an sich ist es, das selig macht, sondern die im Tragen und Klagen erfahrene Gewissheit: Gott ist da! Er hört mich! Er nimmt mit seinem Zuhören an meinem Leiden teil! Er trägt meine Last mit! Seligsein ist nicht eine gefühlsmäßige Sache, sondern die tiefe Gewissheit der Geborgenheit in Gott trotz allem Elend. So wollen wir Mut haben zum Klagen und Tragen. Es ist im tiefsten Sinne wirklich wahr, dass Leiden seinen Eigenwert hat, eine eigene »Seligkeit«, weil wir die Erfahrungen mit Gott, die wir darin sammeln, sonst nirgends machen können. Sie wollen uns näher in die Gemeinschaft mit Gott bringen.

Befiehl du deine Wege und was dein Herze kränkt, der allertreusten Pflege des, der den Himmel lenkt. Der Wolken, Luft und Winden gibt Wege, Lauf und Bahn, der wird auch Wege finden, da dein Fuß gehen kann.

Dem Herren musst du trauen, wenn dir's soll wohlergehn. Auf sein Werk musst du schauen, wenn dein Werk soll bestehn. Mit Sorgen und mit Grämen und mit selbsteigner Pein lässt Gott sich gar nichts nehmen. Es muss erbeten sein.

Dein ewge Treu und Gnade, o Vater, weiß und sieht, was gut sei oder schade dem sterblichen Geblüt. Und was du dann erlesen, das treibst du, starker Held, und bringst zu Stand und Wesen, was deinem Rat gefällt.

Weg hast du allerwegen, an Mitteln fehlt dir's nicht. Dein Tun ist lauter Segen, dein Gang ist lauter Licht. Dein Werk kann niemand hindern, dein Arbeit darf nicht ruhn, wenn du, was deinen Kindern ersprießlich ist, willst tun.

Und ob gleich alle Teufel hier wollten widerstehn, so wird doch ohne Zweifel Gott nicht zurücke gehn. Was er sich vorgenommen und was er haben will, das muss doch endlich kommen zu seinem Zweck und Ziel.

Hoff, o du arme Seele, hoff und sei unverzagt, Gott wird dich aus der Höhle, da dich der Kummer plagt, mit großen Gnaden rücken, erwarte nur die Zeit, so wirst du schon erblicken die Sonn der schönsten Freud.

Auf, auf, gib deinem Schmerze und Sorgen gute Nacht! Lass fahren, was das Herze betrübt und traurig macht. Bist du doch nicht Regente, der alles führen soll: Gott sitzt im Regimente und führet alles wohl.

Ihn, ihn, lass tun und walten! Er ist ein weiser Fürst und wird sich so verhalten, dass du dich wundern wirst, wenn er, wie ihm gebühret, mit wunderbarem Rat das Werk hinausgeführet, das dich bekümmert hat.

Er wird zwar eine Weile mit seinem Trost verziehn und tun an seinem Teile, als hätt in seinem Sinn er deiner sich begeben und sollt'st du für und für in Angst und Nöten schweben, als frag er nichts nach dir.

Wird's aber sich befinden, dass du ihm treu verbleibst, so wird er dich entbinden, da du's am mindsten glaubst; er wird dein Herze lösen von der so schweren Last, die du zu keinem Bösen bisher getragen hast.

Wohl dir, du Kind der Treue! Du hast und trägst davon mit Ruhm und Dankgeschreie den Sieg und Ehrenkron; Gott gibt dir selbst die Palmen in deine rechte Hand und du singst Freudenpsalmen dem, der dein Leid gewandt.

Mach End, o Herr, mach Ende mit aller unsrer Not; stärkt unsre Füß und Hände und lass bis in den Tod uns allzeit deiner Pflege und Treu empfohlen sein, so gehen unsre Wege gewiss zum Himmel ein.

Paul Gerhardt (1607–1676)